QUELQUES

DÉVELOPPEMENS.

———>—>>«<—<———

PARIS,

LE NORMANT, IMPRIMEUR-LIBRAIRE.

1814.

QUELQUES DÉVELOPPEMENS.

J'AI rendu compte de la première impression qu'avoit produite en moi la lecture publique du rapport de M. Raynouard; maintenant que je l'ai lu, et, j'ose le dire, étudié, je me permettrai encore quelques réflexions. La question est trop grave, et l'autorité du rapporteur trop imposante pour qu'on puisse me faire un tort de la franchise avec laquelle je crois devoir en dire mon avis.

Pour traiter d'une manière exacte et complète un sujet important, il faut, sans doute, l'envisager sous tous les points de vue; aussi ai-je été charmé de voir M. Raynouard remonter d'abord aux principes du droit naturel, les appliquer au droit particulier de parler et d'écrire, passer ensuite de la philosophie à l'histoire, retracer les vicissitudes de la liberté de la presse avant et depuis l'invention de l'imprimerie ; entrer , après cela , dans l'examen du projet de loi ; et terminer , enfin , son discours en appelant à son aide un des noms les plus distingués , uns des plus beaux caractères dont la France ait à s'honorer.

Ce ne sont point là d'inutiles digressions , de vaines figures ; c'est ainsi qu'on parvient à épuiser une matière et à satisfaire les lecteurs les plus exigeans.

Mais, s'il est glorieux d'entreprendre une pareille tâche , il est difficile de la remplir ; dès qu'on manifeste l'intention de traiter dans toute son étendue , et sous toutes les faces, une question grave et compliquée, il n'est plus permis de se montrer foible et au-dessous de son sujet : il faut être alors philosophe profond, érudit exact, dialecticien rigoureux, orateur éloquent ; il faut se défaire de toute légèreté , de toute partialité, de toute vue étroite ou incomplète ; car si ces conditions ne sont pas remplies, l'étendue et la diversité des obligations qu'on s'est imposées ne servent plus qu'à prouver la foiblesse de la cause qui n'a pas eu en elle-même de quoi soutenir son défenseur à la hauteur où il avoit, avec raison, jugé nécessaire de s'élever.

Je l'avoue, un examen attentif m'a fait croire que M. Raynouard avoit échoué contre cet écueil; je cherche vainement dans les idées philosophiques par lesquelles commence son Rapport, de quoi entamer une discussion sérieuse : elles me paroissent si légères, si incohérentes, que si elles n'étoient pas énoncées avec une gravité imperturbable, je ne croirois pas devoir m'y arrêter un instant. *Parler et écrire*, dit-il, *ne sont que l'exercice et le développement d'une même faculté, l'usage d'un droit naturel.* Qu'est-ce que cela prouve ? quelle est donc, dans les actions des hommes, celle qui n'est pas l'ouvrage d'un don naturel ? Le crime le plus coupable, comme la faute la plus légère, sont les résultats de l'exercice d'une faculté naturelle ; s'ensuit-il qu'on ne doive pas en empêcher l'abus ? L'exercice du don naturel de parler et d'écrire ne peut-il pas, aussi bien que celui de tous les autres dons naturels de l'homme, être soumis à certaines conditions, à certaines lois ?

Une charte, continue le rapporteur, *peut reconnoître et respecter le droit qu'ont tous les citoyens de communiquer par l'écriture leurs opinions et leurs sentimens, ainsi qu'ils les communiquent par la parole;* mais une charte ne confère pas ce droit; elle vient de plus haut et de plus loin, comme le droit qu'ont tous les citoyens de penser, de parler et d'agir. Qui a dit le contraire? M. Raynouard connoît-il un droit qui ne prenne sa source *beaucoup plus haut et beaucoup plus loin* que toutes les chartes du monde? Une charte reconnoît des droits et crée des pouvoirs; elle est la base de ces pouvoirs, mais elle n'est que le registre de ces droits. Le rap-porteur a voulu dire apparemment que la faculté de parler et d'écrire ne nous venoit pas de la charte, mais *de plus haut et de plus loin :* nous le savions bien; mais que fait cela à la question? Ce qu'il seroit bon de savoir, c'est si une charte ne peut pas régler l'usage d'une faculté qu'elle n'a pas donnée, l'exercice d'un droit existant avant elle : or, comme je ne sache pas de loi qui ne soit destinée à restreindre l'usage de quelqu'une de nos facultés ou *dons naturels,* à régler, c'est-à-dire, à limiter l'exercice de quelqu'un de nos droits, j'en conclus, ou qu'il faut anéantir toutes les lois, car il n'y en a pas une qui ne gêne quelque droit venu *de plus haut et de plus loin*, ou qu'on peut fort bien régler par des lois l'exercice du droit de parler et d'écrire, comme tous les autres.

Qu'on me permette de le faire observer ; c'est ainsi qu'en posant, d'une manière aussi inexacte que tranchante, de prétendus principes de droit naturel, en les présentant isolément, en les séparant de l'état social, au sein duquel ils doivent recevoir leur application ; c'est ainsi qu'en 1789, on a perverti la raison du peuple, à qui on ne parloit de soumission aux lois qu'après avoir frappé son imagination des idées d'une liberté absolue. Il faut y arriver cependant à ces lois sans lesquelles la société ne peut exister ; voyons ce qu'en dit M. Raynouard.

Dans l'exercice de la faculté d'écrire, la loi ne doit rechercher et condamner que l'abus de cette faculté. Où commence l'abus ? Sans doute au moment où il y a danger pour la société : y a-t-il danger à ce qu'un homme publie l'ouvrage qu'il aura écrit sans que le gouvernement en ait pris connoissance? Il y aura abus, sinon de la faculté d'écrire, du moins de la faculté de publier; car c'est de celle-là qu'il s'agit. Un capitaine de vaisseau arrive du Levant, et se soustrait, par fraude, au régime de la quarantaine; il cesse d'user de la faculté qu'a tout homme d'aller devant lui et d'arriver quand il trouve un chemin praticable; il en abuse: car il a été reconnu qu'il y avoit danger pour la société à ce qu'on en usât de cette manière. Décidez donc s'il y a danger ou non pour la société, à ce qu'un homme imprime et publie aujourd'hui sans une censure préalable : voilà toute la question.

Mais c'est précisément cette question que le rapporteur n'a pas voulu aborder; après avoir sommairement exposé les raisons de ceux qui redoutent la liberté illimitée de la presse, il a négligé d'y répondre, pour s'attacher uniquement à développer les inconvéniens de la censure : et qui conteste ces inconvéniens? Qui ne sait que dans les institutions, comme dans les destinées humaines, le mal marche toujours à la suite du bien? Il s'agit seulement d'examiner si les maux que peut causer la liberté illimitée de la presse ne sont pas plus redoutables que ceux qui peuvent résulter de la censure, telle qu'on l'a proposée, et s'ils sont en même-temps assez probables pour qu'on doive chercher à les prévenir. Or, voici ce que disent les partisans et les adversaires de la loi; voici quels sont les maux dont ils cherchent à s'effrayer mutuellement : les uns redoutent que la liberté illimitée de la presse ne facilite l'explosion de toutes les passions ennemies, de tous les intérêts contraires; les autres craignent que la censure n'étouffe quelques vérités : ceux-là disent que l'ignorance est extrême, que l'égoïsme est grand, que l'amour du bien public est foible; ceux-ci protestent que la liberté illimitée est le seul moyen de dissiper l'ignorance, et de réveiller l'esprit public : les premiers ne refusent pas d'en convenir; mais ils ajoutent que l'ignorance est plus facile à tromper qu'à éclairer; que la lutte des intérêts et des passions éclate et se propage plus rapidement que la vérité; qu'il faut empêcher le mal présent pour laisser au bien à

venir le temps de se développer sans trouble :
ici, les seconds cessent de répondre ; ils re-
viennent à leurs premières assertions ; ils
traitent ces craintes de chimériques, et pré-
tendent les calmer en y opposant leurs espé-
rances.

Et de quel droit exigent-ils que des espé-
rances dissipent des craintes ? Ce sont des
remèdes qu'on leur demande, et non des
promesses. Quoi ! dans une question aussi
douteuse, dans une question où il s'agit de
l'ordre public, de la stabilité de nos institutions, de la paix intérieure, on livreroit
ces grands intérêts à l'incertitude d'une espérance contestée ? On se chargeroit, sans
hésiter, de cette effrayante responsabilité ?
Supposons que les craintes soient exagérées,
que les malheurs dont on parle soient moins
probables qu'on ne le prétend : faudra-t-il
donc que la chance soit égale, pour qu'on
ne recule pas devant cette pensée ? Les
vingt-cinq années qui viennent de s'écouler
ne nous ont-elles donc rien appris sur la foiblesse de la prévoyance de l'homme, et sur
les dangers de sa présomption ? A peine
peut-il arranger, pour quelques jours, les

événemens de son étroite destinée ; son habileté est souvent en défaut, quand il n'a à combiner que sa propre existence ; et il se prétendroit capable de régler d'avance le sort d'un royaume ; il opposeroit sans balancer son opinion à l'obscurité de l'avenir! Pour moi, je l'avoue, une telle prétention me cause un inexprimable effroi. Je ne puis concevoir que, dans le doute, l'orgueil de l'esprit ne cède pas au sentiment d'une telle ignorance ; et si j'avois à décider seul une question dont la solution offrît pour un peuple entier quelques chances d'un péril grave, mon opinion me parût-elle certaine, je croirois de mon devoir d'embrasser le parti le plus sûr.

Mais on parle de dangers d'un autre genre ; on craint de voir des injustices ensevelies dans l'oubli, des vérités étouffées ; il semble, à entendre le rapporteur, que toutes les injustices, toutes les vérités n'aient jamais été et ne puissent jamais être révélées que dans les brochures. Je ne ferai, à cet égard, qu'une observation : qu'on prenne toutes les brochures qui ont été publiées depuis qu'on imprime, et qu'on recueille les vérités qu'elles contiennent, on verra si le nombre est aussi grand qu'on voudroit nous le persuader : que seroit-ce si l'on comparoit ce nombre à celui des vérités renfermées dans les grands ouvrages ? que seroit-ce enfin si on le comparoit à celui des vérités qui se sont répandues par la parole et par le contact des hommes avec les hommes et les affaires ?

Mais j'irai plus loin : admettons que des injustices soient ignorées, que des vérités soient quelquefois étouffées, opposera-t-on ce danger à celui d'une inquiétude continuelle, du déchaînement des passions les plus folles, des intérêts les plus sordides, au danger de voir peut-être bouleverser l'ordre public ? Nos autres institutions resteront-elles donc sans effet pour contrebalancer, au sein de la paix, les inconvéniens de la censure ? et ces institutions qui viennent de naître seroient-elles assez fortes pour résister aux inconvéniens de la liberté illimitée ? Partout la liberté trouvera un asile et des protecteurs dans la Chambre des Députés, dans le droit de pétition, dans la commission chargée de revoir le rendu-

compte annuel du directeur de la librairie ;
l'ordre une fois troublé seroit bien plus difficile à rétablir ; il est plus aisé de réparer
une injustice que de ramener le calme dans
une province ; et des pouvoirs plus que
suffisans pour remettre au jour une vérité
mal à propos condamnée au silence , se
trouveroient hors d'état de rendre la con-
fiance et la paix à des esprits imprudem-
ment agités.

On se récrie contre le temps qui pourra
s'écouler entre l'époque où la publication
d'un ouvrage aura été suspendue par les
censeurs , et celle où elle pourra être per-
mise par la commission : on en infère que
cette commission est illusoire ; mais quand
la nation aura besoin d'une loi , ne sera-
t-elle pas obligée de l'attendre pendant tout
l'intervalle qui s'écoulera d'une session à
l'autre ? Il seroit vraiment étrange que l'au-
teur d'une brochure ne pût être aussi pa-
tient que la nation.

En vérité, l'on ne peut s'empêcher de
sourire en voyant quelle importance attache
le rapporteur à ces merveilleuses brochures,
en examinant quels intérêts sont mis en

balance avec ceux de la nation entière, qui sans doute sacrifieroit volontiers l'espérance d'avoir quelques bons pamphlets de plus à la certitude que l'ordre public ne sera point troublé. On se fait d'ailleurs une étrange idée de la censure que propose la loi : on la suppose toujours telle que nous l'avons vue sous Buonaparte ; on oublie que l'avis de deux censeurs et du directeur de la librairie sera nécessaire pour ordonner un sursis ; que cet avis devra être motivé ; que ces motifs devront être examinés par une commission disposée à les juger avec rigueur ; on ne calcule pas l'influence qu'un ordre de choses plein de liberté, exercera sur les censeurs comme sur le gouvernement lui-même ; on ne tient aucun compte de toutes ces considérations morales qui seront réelles, puissantes, actives ; on n'en juge ni la force ni l'étendue ; on semble croire que toutes les brochures seront arrêtées, et que toutes seront excellentes !

On voit que j'use de la liberté de la presse ; celle qu'on doit désirer nous restera, même avec la censure proposée, et alors, comme aujourd'hui, les adversaires et les partisans

des projets de loi présentés par le gouvernement , pourront en dire leur avis , de ce
ton décent et modéré qui convient aux vrais
amis de la liberté, comme à ceux de l'ordre
public. Je renvoie à une troisième lettre
ce qui me reste à dire sur le rapport de
M. Raynouard.